AF565736

Mahatma Gandhi

Wer den Weg der Wahrheit geht, stolpert nicht

Worte an einen Freund

VERLAG NEUE STADT
MÜNCHEN · ZÜRICH · WIEN

Ausgewählte, nach Themen geordnete Gedanken aus:
A Thought for the Day, compiled and translated in English by T. Hingorani

Nach: The Collected Works of Mahatma Gandhi
Bd. 78, S. 390–395; 79, 425–437; 80, 430–438; 81, 454–463; 82, 443–451; 83, 407–416; 84, 452–460; 85, 504–511

Mit freundlicher Genehmigung des Navajivan Trust, Ahmedabad 380 014, India

Übersetzung ins Deutsche: Karl Pichler

Klimaneutral gedruckt. Weil jeder Beitrag zählt.

2016, 1. Auflage der Neuausgabe

Umschlaggestaltung (unter Verwendung eines Fotos aus dem Archiv der Indischen Botschaft): Josef Schaaf und Neue-Stadt-Grafik
Gestaltung und Satz: Neue-Stadt-Grafik
Fotos: Horst Palta
Druck und Bindung: CPI – Clausen & Bosse, Leck
ISBN 978-3-7346-1061-5

www.neuestadt.com

Inhalt

Zu diesem Buch

Aus der Erfahrung geschöpfte Worte

Die hier gesammelten „Worte an einen Freund" sind keine geschliffenen Aphorismen, die ihre Wirkung aus einer cleveren oder witzigen Formulierung beziehen. Es sind auch keine Koans im Stil des Zen-Buddhismus, durch deren Rätselhaftigkeit der Meditierende tiefer in das Wesen des göttlichen Grundes geführt werden soll. Mahatma Gandhi notiert Trostgedanken, einfach formuliert, die manchmal Alltägliches, längst Gewusstes festhalten, manchmal auch überraschende Beziehungen herstellen. Ihr Wert aber liegt nicht darin, ob sie Altes oder Neues wiedergeben, sondern darin, dass sie aus der *Erfahrung* ihres Autors schöpfen. Darum haben sie auch die Fähigkeit zu trösten.

Anand T. Hingorani, ein Anhänger des Mahatma im indischen Befreiungskampf, hatte Mitte 1943 seine Frau verloren. „Sie und Bapu (wie die Freunde Gandhi nannten) sind eine wichtige Quelle der Inspiration für mich gewesen", bekennt Hingorani.* Gandhi schrieb ihm tröstende Briefe; in einem stehen die charakteristischen Sätze: „Du musst nicht über Vidyas Tod brüten, noch beunruhigt werden. Wenn sie die Inspiration Deines Lebens war, während sie lebte, muss sie es umso mehr nach ihrer Heimkehr sein. Das ist für mich die Bedeutung einer wahren Vereinigung der Seelen. Das klassische Beispiel ist Jesus und in moderner Zeit Ramakrishna. Nach ihrem Tod ist ihr Einfluss viel größer geworden. Ihr Geist ist nicht gestorben; ebenso ist Vidya nicht tot. Du musst darum unbedingt zu trauern aufhören und an Deine zukünftigen Pflichten denken."

Sobald er konnte, besuchte Hingorani seinen verehrten Freund in dessen Ashram Sevagram. Jeden Morgen begrüßte Gandhi ihn, um ihn weiter zu ermutigen, und er notierte einen Satz auf einen Zettel, über den Hingorani den Tag über nachdenken sollte. Als Hingorani den Ashram wieder verlassen musste, bat er Gandhi, ihm wie bisher jeden Tag einen Gedanken als Begleiter durch den Tag aufzuschreiben. Mahatma Gandhi war einverstanden, und vom 20. November 1944 bis Ende 1946 – also rund zwei Jahre lang – schrieb er täglich einen Gedanken für Anand T. Hingorani nieder und schickte ihn regelmäßig ab. Nach Gandhis Tod im Januar 1948 gab Hingorani die Gedanken gesammelt heraus.

Gandhi wollte nämlich nicht, dass diese Gedanken zu seinen Lebzeiten erscheinen, und er begründete dies auf bezeichnende Weise: „Wer weiß, vielleicht entspricht mein Leben diesen Gedanken nicht. Doch wenn mein Leben ihnen bis zum letzten Atemzug entspricht, nur dann lohnt es sich, diese Gedanken zu veröffentlichen." In diesem Satz liegt, wie eingangs angedeutet, das Geheimnis für die Anziehungskraft, die besondere Wirkung unserer Sammlung. Es sind eben nicht nur „Gedanken", Kopfgeburten, sondern Sätze, die das Ergebnis von konkreten Lebenserfahrungen sind. Mahatma Gandhi nannte seine Lebensbeschreibung „Biographie meiner Experimente mit der Wahrheit"; ebenso ist jeder Satz dieser Sammlung das Resultat eines oft langjährigen Experiments.

So schlicht darum die Sätze oft klingen, sie sind nicht Spekulation, Spielerei, Idealisierung, sondern das gesamte Gewicht von Mahatma Gandhis Lebenserfahrung und seiner moralischen Autorität unterstützt jeden Satz und verleiht ihm Authentizität. Darum kann er ja auch trösten – den Witwer Hingorani und uns Spätere. Wenn Mahatma Gandhi die Wahrheit eines Satzes durch die Erfahrung bestätigt, dann ist er auch für andere Menschen, für uns, gültig. Ähnlich wie wir an Jesus und seine Lehre glauben, weil er – stellvertretend für uns – durch Leiden und Tod gegangen ist, so nehmen wir auch die Worte eines beispielhaft lebenden Menschen an; auch sie haben eine erlösende Kraft.

Mahatma Gandhis Trostworte haben um so größere Kraft, als er sein Lebenswerk auf *einer* Maxime aufgebaut hat: in der Übereinstimmung von Denken, Reden und Handeln zu leben. Das meint er, wenn er schreibt, nur dann, wenn sein Leben diesen Gedanken bis zum letzten Augenblick entspreche, lohne es sich, sie zu veröffentlichen. Diese Entsprechung war für ihn Legitimation des Gedankens, der Beweis seines Wahrheitsgehalts. Und er folgt darin einem uralten Strang indischen Denkens und Empfindens, der einen philosophischen Satz nur dann anzunehmen bereit ist, wenn er im Leben des Philosophen beispielhaft zum Ausdruck kommt. Dass diese Legitimierung nicht selbstverständlich ist, sehen wir in der europäischen Philosophie und Theologie, bei der Lehre und Leben des Lehrenden meist getrennt bewertet wurden. Es kann durchaus passieren, dass ein Philosoph vor überladener Tafel über das Elend des Lebens spekuliert.

Die tagebuchartigen Gedanken vor uns sollen, am Morgen gelesen, unseren Tag durchdringen, uns trösten und erheben; unser Denken, Sprechen und Handeln kann nach und nach tagsüber den Gedanken assimilieren. Darum ist dieses Buch kein „Lesebuch“, das man von Kapitel zu Kapitel durchliest. Es gibt genug andere

Bücher Mahatma Gandhis, die sich für solch eine Methode des Lesens eignen. Unser Buch jedoch ist ein *Vademecum*: ein Begleiter an guten und schlechten, hellen und missmutigen Tagen, auf kleinen und größeren Reisen.

Es ist nicht verwunderlich, dass in diesen Tagesgedanken Gandhis große Themen in immer neuen Variationen auftauchen: Wahrheit und Gewaltlosigkeit, Gebet und Schweigen, Bedürfnislosigkeit, Askese und Reinheit, die Notwendigkeit des Leidens und der Loslösung, die Hingabe an Gott. Natürlich ist keine seiner Ideen ausgeführt und in ihrem Kontext dargestellt. Das hätte den Rahmen eines knappen Impulstextes gesprengt. Doch scheint mir, dass diese Tagesgedanken auch für jene verständlich sind, die mit Mahatma Gandhis Philosophie nicht vertraut sind. Wer aber seine Ideen weiter verfolgen will, kann zu mehreren Büchern in deutscher Übersetzung greifen.

Gandhis Grundbemühung in allem, die auch in diesen Gedanken immer durchscheint, war seine *radikale Ehrlichkeit*. Nur keine Prätentionen, keine Scheinheiligkeit, kein Gerede, keine Verheimlichung der eigenen Schwächen und Fehler. Seine moralistische Passion trieb ihn dazu, alles offenzulegen, auch die verborgensten seelischen Regungen. Die Weisheit dieser Methode, über alles öffentlich Rechenschaft abzulegen, mag man anzweifeln, für uns Leser hat sie den Vorteil, dass wir Gandhis unentwegte Arbeit an sich selbst in allen feinsten Einzelheiten kennenlernen.

Mit zu seiner radikalen Ehrlichkeit gehört, dass Gandhi niemals als Guru, als jemand, der die Wahrheit fest in Besitz genommen hat, schreibt – sondern als *Suchender*. Darum können wir uns mit ihm identifizieren. In den Tagesgedanken erkennen wir, dass er sich als Suchender nicht nur in der erhabenen Bescheidenheit des Großen bezeichnet, sondern tatsächlich fragt und fragt und um Antworten ringt – und manchmal keine findet. Die Gedanken geben nicht alle Erkenntnisse wieder, es gibt auch Fragen darunter.

Mahatma Gandhis Denken und Fühlen ist, verglichen mit dem aller anderen großen Männer und Frauen seines Landes, dem Neuen Testament der Christen am tiefsten verbunden gewesen. Dabei blieb er ein überzeugter Hindu, der gleichzeitig aus den Traditionen seiner Religion Inspiration schöpfte. Viele moderne, aufgeklärte Inder sehen in Gandhi den „neuen Menschen" des Hinduismus. In den Tagesgedanken zitiert er häufig aus der christlichen Bibel, oft ohne Kommentar, aber bejahend und bekräftigend. Er wurde nicht müde, seine Dankbarkeit gegenüber der Lehre Jesu auszusprechen, obwohl er keineswegs die Christologie der Theologen übernahm, sondern als Hindu seine eigenen Anschauungen über Jesus entwickelte. Ebenso wenig übernahm er unbesehen Hindu-Traditionen, im Gegenteil, vieles, was Millionen von frommen Hindus bis heute wichtig ist, lehnte er ab, etwa Tempelbesuch, Bilderverehrung, Rituale. Er war im idealen Sinne ein „Protestant" seiner Religion, die er auf ihren wesentlichen geistigen Gehalt zurückführen wollte.

Seine diesbezüglichen Gedanken in diesem Buch sind das Ergebnis einer inneren Anverwandlung des Christlichen, das von der Mentalität eines tiefgläubigen Hindu verstanden und ausgedeutet wird. Christliches und hinduistisches Gut sind so tief miteinander verwoben, dass die einzelnen Elemente nicht mehr unterscheidbar sind. Das ist, meine ich, Mahatma Gandhis prophetischer Beitrag zum neuen Menschenbild, insbesondere zum religiösen Dialog; bis heute ist Mahatma Gandhi weder von uns in Europa noch in Indien eingeholt worden.

Martin Kämpchen

* Alle Zitate sind dem Vorwort von *Anand T. Hingorani* in der englischen Ausgabe von *A Thought for the Day* entnommen.

Wahrheit

Unzählig sind die Namen Gottes;
aber wenn man einen hervorheben soll,
dann *Sat* oder *Satya*, die Wahrheit.
Denn die Wahrheit ist Gott.

Wahrheit kann nur gefunden werden, wenn wir sie in uns selbst suchen, niemals durch Argumentieren oder Disputieren.
Wenn jemand statt „Wahrheit" „Gott" liest, so ist das dasselbe.

Die Erkenntnis der Wahrheit ist nicht möglich ohne *Ahimsa*, Gewaltlosigkeit.
Deshalb hat man auch gesagt, dass *Ahimsa* das oberste Gesetz, *Dharma*, ist.

Wie kann jemand an die Wahrheit glauben, wenn er nicht an die Gewaltlosigkeit glaubt?
Wenn die Gewaltlosigkeit nicht verwirklicht werden kann, dann kann auch die Wahrheit nicht verwirklicht werden.

Wie kann jemand, in dessen Seele die Leidenschaften ständig aufwallen, jemals die Wahrheit erkennen?
Das Aufwallen der Leidenschaften in der Seele gleicht einem Sturm auf dem Ozean. Der Steuermann, der das Steuer im Sturm festhält, rettet sich. Und nur, wer sich auf das *Rama-Nama* (die Anrufung des Namens Gottes) stützt, bleibt siegreich im Sturm der Seele.

Hüten wir uns vor trügerischem Wissen. Was uns von der Wahrheit fernhält oder von ihr abwendet, ist das trügerische Wissen.

Selbst die geringste Unwahrheit verdirbt den Menschen, wie ein Tropfen Gift einen ganzen See verdirbt.

Die Welt ist voller Gegensätze.
Hinter der Trauer verbirgt sich Glück,
und hinter dem Glück Trauer.
Wo die Sonne scheint, ist auch Schatten;
wo Licht ist, ist auch Dunkel;
wo Geburt ist, da ist auch Tod.
Loslösung von allem besteht darin,
von diesen Gegensätzen nicht mehr berührt zu werden.
Die Methode, über sie zu obsiegen,
besteht nicht darin, sie auszulöschen,
sondern darin, sich über sie zu erheben
und vollkommen frei zu sein
von jeder Gebundenheit an sie.
Das Vorhergehende zeigt,
dass der Schlüssel zum Glück
in der Verehrung der Wahrheit liegt,
die die Geberin aller Dinge ist.
Wie aber sollen wir die Wahrheit verehren?
Wer kennt die Wahrheit?
Wir beziehen uns auf eine relative Wahrheit,
auf das, was uns als Wahrheit erscheint.
Die Erfahrung wird zeigen, dass der Wahrheit,
auch in diesem begrenzten Sinn,
zu folgen, eine sehr schwierige Sache ist.

Warum zögert jemand, der weiß, was Wahrheit ist, sie auszusprechen?
Ist er beschämt? Beschämt wovon? Ob hoch oder niedrig, welche Rolle spielt das? Tatsache ist, dass uns die Gewohnheit voll in Beschlag nimmt.
Wir sollten darüber nachdenken und uns von der schlechten Gewohnheit frei machen. Denn sonst können wir den Pfad der Wahrheit nicht gehen. Wir müssen alles auf dem Altar der Wahrheit opfern. Wir wollen nicht als das erscheinen, was wir sind, sondern um vieles besser. Wie gut wäre es für uns, wenn wir schwach sind, auch schwach zu erscheinen – aber wenn wir zu wachsen wünschen, edel zu handeln und zu denken. Wenn das nicht möglich ist, dann sollen wir schwach erscheinen. Dann werden wir eines Tages die ersehnte Höhe erreichen.

Damit auch nur ein Diamant gefunden wird, müssen Hunderte Tonnen Erde und Stein in harter Arbeit ausgegraben werden.
Wenden wir auch nur einen Bruchteil dieser Arbeit auf, um den Schutt der Unwahrheit wegzuräumen und nach dem Diamanten der Wahrheit zu suchen?

Eine gerechte Sache schlägt niemals fehl; ein wahres Wort schadet letztlich nie.

Jedermann stimmt zu, dass es töricht ist, Böses zu tun. Aber die Ansicht, schlechte Mittel würden gerechtfertigt durch ein gutes Ziel, muss als noch törichter betrachtet werden.

Wenn wir hinsichtlich der Mittel sorgfältig sind, ergibt sich ein gutes Ende von selbst.
Mit anderen Worten: Es gibt keinen Unterschied zwischen Mittel und Zweck.

Wenn uns schon geringfügige Dinge aus der Fassung bringen, sollte uns das ein Hinweis sein, dass dafür irgendwo eine Ansatzstelle ist.
Wir sollten sie ausfindig machen und sie ausschalten.
Es ist ein Irrtum zu denken, wir würden in großen Dingen standfest sein, da wir dann dazu genötigt sind. Das kann sicherlich nicht als Rechtschaffenheit und Standfestigkeit gelten.

In solchen Situationen sollten wir uns an folgenden Vers erinnern: „Berührungen der Sinne mit ihren Gegenständen kommen und gehen. Ertrage sie ...“ (*Bhagavad Gita 2,14*).

Wer sich der Wahrheit geweiht hat, darf zwischen Lob und Tadel keinen Unterschied machen.
Er wird also auf Lob nicht hören und sich über Tadel nicht ärgern.

Man wird nicht zu einem *Satyagrahi*, einem, der an der Wahrheit festhält, indem man sich als ein solcher darstellt.
Allein die Beobachtung der reinen Wahrheit macht den Menschen zu einem *Satyagrahi*.

Für einen *Satyagrahi* gibt es nicht so etwas wie Rechte.
Es gibt nur ein Recht für ihn – das Recht zu dienen.
Ein *Satyagrahi* wird daher nie Rechte suchen; diese kommen zu ihm, ohne dass er sie sucht.

Nur der kann ein wahrer *Satyagrahi* sein, der die Kunst des Lebens ebenso gut beherrscht wie die Kunst des Sterbens.

In der heutigen Ausgabe der *Times of India* steht ein „Gedanke zum Tag“, der mir gefällt.
Er lautet: „Glaube an die Wahrheit, denke die Wahrheit und lebe die Wahrheit. So sehr auch die Unwahrheit zu triumphieren scheint, sie kann niemals gegen die Wahrheit obsiegen.“

Warum scheut sich der Mensch, die Wahrheit auszusprechen und zu tun, nicht aber die Unwahrheit?

Wer sich der Wahrheit weiht, sollte Schweigen üben. Dennoch finden wir viele Wahrheitssucher, die viel reden, dass also das Gegenteil zur Gewohnheit geworden ist. Wir sollten diese Gewohnheit aufgeben.

Ein nutzloses Wort ist eine Verletzung der Wahrheit. Deswegen fällt das Tun der Wahrheit bei Beobachtung des Schweigens leichter.

Verliere nicht deine Fassung, wenn dich jemand einen Lügner nennt oder dir widerspricht.
Wenn du etwas sagen willst, sag es ruhig. Oder möglicherweise ist Schweigen das beste.
Wenn du wirklich wahrhaftig bist, wirst du nicht zu einem Lügner, nur weil jemand dich so nennt.

Um die Wahrheit zu sagen, musst du deine Worte wieder und wieder abwägen.

Unterschiedliche Menschen deuten die *Shastras*, die heiligen Schriften, in unterschiedlicher Weise.
Der richtige Weg besteht darin, der Interpretation zu folgen, die im Grund vernünftig ist, auch wenn sie grammatikalisch unrichtig sein sollte, vorausgesetzt allerdings, dass unsere Interpretation nicht dem moralischen Empfinden widerspricht und dass sie die Selbstbeherrschung fördert.

Unwahrheit zerstört die Seele;
Wahrheit stärkt sie.

Für die Erkenntnis der Wahrheit ist es notwendig, das Leben der Heiligen zu lesen und darüber nachzudenken.

Höre nicht auf Gerüchte;
und wenn du sie hörst, glaub sie nicht.

Wohl wissend, dass jedes Ding zwei Seiten hat, sollten wir allein auf die helle Seite schauen.

Ein einziges Wort, wenn es wahr ist, genügt. Unwahre Wörter jedoch, und mögen es noch so viele sein, sind nichts wert.

Ein einziger Tropfen Gift der Unwahrheit vergiftet den ganzen Ozean der Wahrheit.

Die Macht eines wahren Wortes ist so, dass es einen von der Selbstsucht zur Selbstlosigkeit führt.

Wer nicht in jedem Augenblick seines Lebens wachsam ist, wird niemals die Wahrheit finden.

Wer aus falscher Scham etwas Falsches tut, macht sich eines doppelten Fehlers schuldig und kann nicht vor Gott bestehen.
Wer mit Gott als Zeugen denkt, spricht und handelt, wird sich nie schämen, das Richtige zu tun.

Ein Fehler, klein wie ein Senfkorn, wird groß wie ein Berg, wenn er vertuscht werden soll.
Er kann aber ausgerissen werden, wenn ein offenes Bekenntnis erfolgt.

Ein unwahrhaftiger Mensch sucht sich viele Schlupflöcher offenzuhalten. Und wenn er durch das eine oder andere entkommt, hält er sich für sehr gerissen. In Wahrheit gräbt er sich damit nur selbst eine Grube.
Ein Mann der Wahrheit hingegen stopft alle Schlupflöcher, besser gesagt: Für ihn gibt es gar keine Mauer und keine Löcher darin.
Selbst mit verbundenen Augen geht er auf dem rechten Pfad.

Wer den Weg der Wahrheit geht, stolpert nicht.

Wenn jemand sagt: „Geh diesen Weg“ und man der angegebenen Richtung folgt, wird man zuverlässig sein Ziel erreichen.
Solch ein Weg ist die Wahrheit.
Wenn ein Mensch diesen Weg geht, erreicht er sein Ziel in der kürzestmöglichen Zeit.

Wer der Wahrheit durch dick und dünn folgt, muss sich immer bereit halten, für sie zu sterben, und wenn die Zeit gekommen ist, muss er sein Leben hingeben.

Ein vollkommener Mensch hat die Macht, die Unwahrheit zu vertreiben, auch wenn sie Legion ist.

Die Wahrheit soll begleitet sein
von der Festigkeit des Ziels.

Je mehr wir uns unserem Ideal annähern, um so wahrhaftiger werden wir.

Aberglaube und Wahrheit gehen nicht zusammen.

Auf der einen Seite Wahrheit; auf der anderen Herrschaft über die Erde.
O mein Herz, du solltest die Wahrheit wählen und die Herrschaft zurückweisen.

Wer sich der Wahrheit weiht, muss Sinn für die Unterscheidung und Gespür für die Zeit haben, und er muss die Gegenseite voll verstehen.

Unerschöpfliche Geduld ist erfordert, wenn Wahrheit jemandem zu eigen gemacht werden soll.

Wer die Geduld verliert, gibt sowohl die Wahrheit als auch das Prinzip der Gewaltlosigkeit preis.

Schönheit liegt nicht im Aussehen,
sondern allein in der Wahrheit.

Selbsterkenntnis und Verwirklichung

Es ist seltsam, dass wir uns so sehr um die äußeren Dinge abmühen und uns um die inneren Dinge nicht kümmern.

Um zur Selbsterkenntnis zu gelangen, muss der Mensch aus seinem Schneckenhaus herauskommen und sich selbst leidenschaftslos betrachten.

Ich wende viel Mühe auf, um meinen physischen Körper zu erhalten.
Mache ich dieselben Anstrengungen, um meine Seele zu erkennen?

Selbsterkenntnis ist ein unschätzbarer Wert;
aber wir wollen sie ohne Anstrengung erwerben.
Reichtümer, Ruhm usw. sind wertlos;
doch dafür sind wir bereit, alles hinzugeben.

Wer sich selbst nicht kennt,
ist verloren.

Wir haben uns selbst zu dem gemacht,
was wir sind.

Je mehr der Mensch sein Selbst erkennt,
umso größer ist sein Fortschritt.

Ein Mensch darf niemals seine innere Stimme unterdrücken, nicht einmal wenn er allein ist.

Die Wahrnehmung ist blind,
wenn sie nicht von der Vernunft erhellt wird.

Der Mensch wächst dadurch, dass er die wahre Natur seines Selbst erkennt, indem er darüber nachdenkt und den Tugenden folgt.
Die gegenteilige Lebensweise führt zum Fall.

Wie kann, wer den wahren Wert des Selbst nicht begriffen hat und ihn nicht schützt, sonst irgendetwas im Leben bewahren und schützen?

Wenn alle Lehrer werden,
wer sind dann die Schüler?
Lasst uns alle Schüler sein!

Es ist die Gewohnheit der Menschen, die eigenen Fehler zu vergessen und die der anderen zu sehen.
Das führt natürlich zu Enttäuschung und Verdruss.

Unsere eigenen Fehler wollen wir nicht sehen, die der anderen aber nehmen wir mit Freude wahr. Viel Unglück erwächst aus dieser Haltung.

Blind ist nicht, wer sein Augenlicht verloren hat, sondern wer seine Fehler verbirgt.

So wie nur andere, nicht er selbst, den Rücken eines Menschen sehen können, können wir auch nicht unsere Fehler sehen.

Was sollen wir glauben? Lob oder Tadel? Beides mag nicht verdient sein. Sollen wir dann unser eigener Richter sein? Aber auch hier ist reichlich Raum für Irrtum. Gott allein weiß, was wir sind, aber er teilt es uns nicht mit. Am besten ist es daher, dass wir über uns gar nichts zu wissen suchen oder glauben.
Wir sind, was wir sind. Nichts ist gewonnen, wenn wir wissen oder zu wissen glauben, was wir sind.
Das Tun der Pflicht ist das einzige, was wirklich zählt.

Was ich tue, ist ein kleiner Fehler; was andere tun, sind große Fehler" – wer so denkt, lebt in abgrundtiefer Unwissenheit.

Wer die Fehler bei anderen sucht,
kann seine eigenen nicht sehen.

Nichts kann den beschämen, der aus seinem eigenen freien Willen seine Sünde, selbst wenn andere nichts davon wissen, frei bekennt und sich ihrer schämt.

Sich einer Verfehlung schuldig machen,
sei sie groß oder klein, ist sicherlich schlimm;
sie aber verbergen zu wollen ist schlimmer.

Unseren Fehler nicht eingestehen heißt ihn wiederholen und die zusätzliche Sünde begehen, ihn zu vertuschen.

Ein Fehler hört nur dann auf, ein Fehler zu sein, wenn er berichtigt wird.
Wird er vertuscht, bricht er auf wie ein Geschwür und wird zur Gefahr.

Es ist erstaunlich, in welchem Ausmaß der Mensch zur Selbsttäuschung fähig ist.

Was heißt „groß“ oder „klein“ in bezug auf die Sünde?
Sünde ist Sünde.
Etwas anderes zu glauben ist Selbsttäuschung.

Das bloße Bekenntnis des Bösen löscht es nicht aus.
Man muss alles, was möglich ist, tun, um es ungeschehen zu machen.

Wenn das Auge eines Menschen das eine sagt, seine Zunge das andere und sein Herz noch einmal etwas anderes, so ist er ein unbrauchbarer Geselle.

Wo Heuchelei herrscht, geh nicht hin, auch nicht um das Gute herauszufinden, das dort vorhanden sein mag. Wenn du es tust, könnte daraus eine Mitwirkung mit dem Bösen entstehen, die nicht angeboten werden darf.

Wie wir vergiftete Milch wegschütten, so müssen wir jegliches Gute zurückweisen, dem das Gift der Heuchelei beigemischt ist.

Es gibt zwei Arten von Gedanken: Die eine Art erhebt, die andere erniedrigt.
Wir sollten immer daran denken und lernen, die eine von der anderen zu unterscheiden.

Suche nicht die Ansichten anderer kennenzulernen und gründe deine Meinung nicht darauf.
Unabhängig für sich selbst zu denken ist ein Zeichen der Furchtlosigkeit.

Wer seine persönliche Eigenheit verliert, verliert alles.

Eine Erziehung, die nicht den Charakter formt, ist völlig wertlos.

Die Bereitschaft des Menschen zur Selbsttäuschung ist unermesslich größer als die Möglichkeit, andere zu täuschen. Jeder verständige Mensch wird dem zustimmen.

Es scheint, dass der Mensch der Falle der Übertreibung nicht entgehen kann.

Wenn der Mensch seine Grenzen überschreitet, wenn er im Handeln oder auch nur im Denken seine Leistungsfähigkeit überschätzt, so wird er ein leichtes Opfer für Krankheit und Ärger.
Solch blinder Eifer ist nutzlos und oft sogar schädlich.

Der rechte Weg ist so schwierig wie einfach.
Wäre es nicht so, würden alle dem rechten Weg folgen.

Lerne die Lektion des Baumes" –
dieser Vers ist des Nachdenkens wert.
Der Baum erträgt die Hitze der Sonne,
und uns bietet er kühlen Schatten.
Und was tun wir?

Bedeutungsvolle Dinge tun wir nur mit Widerwillen,
während wir wertlosen Dingen hinterherlaufen und Gefallen an ihnen finden.

Vollendung ist für den Menschen nur ein Ideal;
es kann nie erreicht werden,
denn der Mensch ist unvollkommen erschaffen.

Der Mensch ist nicht Gott,
also nenne ihn auch nicht so.
Widerschein des Göttlichen zu sein ist sein Anteil.

Was unterscheidet den Menschen von den Tieren? Ernsthaftes Nachdenken über diese Frage würde eine Menge unserer Probleme lösen.

Was ist der Unterschied zwischen einer Schlange und einem Menschen?
Offensichtlich kriecht eine Schlange auf dem Bauch, während der Mensch aufrecht geht.
Die Dinge sind jedoch nicht, was sie zu sein scheinen. Denn was ist mit einem Menschen, der geistig auf dem Bauch kriecht?

Es ist mehr als harte Bestrafung, einen Menschen zu zwingen, etwas zu tun, was er nicht versteht.

Was nur mechanisch gelernt wird, hat denselben Wert wie die Rezitation des *Rama-Nama*, die ständige Anrufung des Namens Gottes, durch einen Papagei.

Wenn das Vorhergehende richtig ist und eine Erfahrung wiedergibt, so folgt daraus, dass Wissen, das tief geht und Teil des Selbst wird, in der Lage ist, den Menschen zu verwandeln, vorausgesetzt, dass solches Wissen Selbsterkenntnis umfasst.

Der Mensch weiß, was seine Pflicht ist, und doch tut er nicht das, von dem er weiß, dass er es tun sollte.
Warum nur?

Es gibt Dinge, die tut der Mensch durch Worte des Mundes, andere durch Beobachtung des Schweigens, wieder andere durch die Tat.
Wenn alles, was er tut, vom Wissen getragen ist, dann ist es wirklich Tat.

Ein Ideal ist eine Sache,
danach zu leben eine völlig andere.

Ein Mensch ohne Ideal
ist wie ein Schiff ohne Steuer.

Man kann nur dann sagen,
man hätte ein Ideal,
wenn man alles daran setzt,
es zu verwirklichen.

Wir müssen unser Leben
weitestmöglich Dem angleichen,
den wir zu erreichen suchen.

Die Welt mag uns schwach nennen,
aber was wir nicht abschwächen dürfen,
sind unsere Ideale.

Zwischen Eigensinn und Standhaftigkeit ist ein großer Unterschied.
Der Versuch, die eigene Sicht anderen aufzudrängen, ist Eigensinn.
Standhaftigkeit besteht darin, dass wir uns selbst willentlich etwas auferlegen mit dem Ergebnis, dass wir andere dazu bringen, unsere Sicht aus ihrem eigenen freien Willen anzunehmen.

Ich nahm meine Brille ab, um mir das Gesicht zu waschen. Ich wollte sie dann wieder aufsetzen, habe es aber vergessen.
Warum? Weil etwas anderes meine Aufmerksamkeit auf sich zog, und so wurde ich nachlässig.
Das nennt man Desorganisation, und Desorganisation ist eine gefährliche Sache.

Nicht jedermann muss materielles Wissen erwerben. Aber jeder kann geistiges Wissen erwerben; es ist sogar die Pflicht aller.

Täglich erleben wir, welchen Einfluss ein Mensch ausübt, der die Wahrheit spricht und sein Leben auf ihr gründet.
Und doch denken wir nicht daran, seinem Beispiel in Wort und Tat zu folgen.

Wann „Ich" und wann „Gott"?
In der richtigen Unterscheidung liegt die Erprobung der Weisheit.

Wir sollten niemals den Fehler machen, uns einzubilden, dass etwas Falsches als „groß" oder „klein" klassifiziert werden kann.

Du solltest weder denken noch sprechen, noch schreiben, ohne zu überlegen.
Bedenke, wie viel Zeit dadurch gespart werden könnte.

Der Mensch auf der Welt kann so wenig das Weltall begreifen, wie ein Fisch im Ozean dessen Tiefen ermessen kann.

Wer nur aus Scham korrekt handelt,
handelt nicht korrekt.

Was kümmert dich der Welt Lob oder Tadel?
Tu, was du für deine Pflicht hältst.

Wer sich auf eine Sache konzentriert und sie als alleiniges Ziel verfolgt, erwirbt schließlich die Fähigkeit, alles zu tun.

Sünde bleibt nicht verborgen. Sie ist in das Gesicht des Menschen eingeschrieben.
Wir kennen dieses Buch nicht zur Gänze, aber die Sache ist offensichtlich.

Gesang entsteht nicht allein durch den Kehlkopf. Es gibt den Gesang des Geistes, der Sinne und des Herzens.

Im Leben muss Harmonie sein. Ihr Wohlklang soll alles Tun und Verhalten durchdringen.

Es gibt keine Stimmigkeit,
solange nicht Harmonie besteht
zwischen Körper, Geist und Seele.

Wir können nicht zur selben Zeit
auf entgegengesetzte Weise handeln
oder auch nur denken.

Gute Gedanken zu haben ist eine Sache;
ihnen entsprechend zu handeln eine andere.

Der Mensch ist begabt mit Vernunft und mit einer inneren Stimme, die die Vernunft übersteigt.
Und beide sind, in ihrem Bereich, notwendig.

Jeder Mensch sollte nach der Quelle seines Seins suchen.

Wann wird der Ganges austrocknen? In dem Augenblick, in dem er sich selbst von seinen Quellen abschneidet.
Ähnliches geschieht mit der Seele, wenn sie von der ewigen Quelle des Lebens, das heißt von Gott, abgeschnitten wird.

Widerstand formt den Menschen.

Wenn der Mensch sich selbst erkennt, ist er gerettet.

Alles menschliche Handeln zielt auf die Erkenntnis des Selbst oder sollte darauf ausgerichtet sein. Und in dieser Selbst-Erkenntnis liegt verborgen Gottes-Erkenntnis.

Ein Dichter hat gesagt,
ein Mensch ohne Wissen sei wie ein Tier.
Worin besteht das Wissen?
Wissen ist allein das,
was den Menschen dazu befähigt,
sich selbst zu erkennen.
Mit anderen Worten:
Wissen ist Selbst-Erkenntnis.

Der Mensch ist das Abbild seiner Gedanken.

Wer weder innere Ruhe
noch Entschiedenheit kennt,
wie kann der Erkenntnis haben?

Ein berechnender Geist
kommt nie zu Selbst-Erkenntnis.

Wer den Zweig untersucht und die Wurzel vergisst,
geht in die Irre.

Warum suchst du draußen,
was in dir drinnen ist?

Wenn unser äußeres Leben
über unser inneres Leben obsiegt,
kann das nur zu einem schlechten Ergebnis führen.

Der Mensch kommt nicht weiter,
wenn er außerhalb seiner selbst sucht.
Der Bereich des Wachstums liegt in seinem Innern.

Wenn du die innere Schönheit siehst,
wird die äußere matt erscheinen.

Wer Angst hat vor der Kritik der Leute,
wird nie imstande sein,
etwas Wertvolles und Beständiges zu tun.

Wie das Universum im Selbst enthalten ist,
so ist Indien in seinen Dörfern enthalten.
Wenn Indien in seinen Dörfern lebt,
dann mag es nur ein einziges ideales Dorf geben,
und es kann als Modell dienen für das ganze Land.
Wenn wir aus der Sicht der Dörfer auf Indien blicken,
scheint das meiste von dem, was wir tun,
nutzlos zu sein.

Wenn *ein* Mensch vollkommen werden kann,
ist es nur billig anzunehmen, dass alle es werden können.

Was macht es schon,
wenn man uns für Träumer hält?

Gewaltlosigkeit

Wenn wir auf ein weißes Blatt Papier sehen, können wir nicht sagen, welches die Vorder- und welches die Rückseite ist.
So verhält es sich auch mit Gewaltlosigkeit und Wahrheit. Es gibt nicht die eine ohne die andere.

Warum sollte einer, der fähig ist, zum Erreichen seiner Ziele Gewalt einzusetzen, zögern, in Wort und Tat auf die Unwahrheit zurückzugreifen?

Ein Leben in Wahrheit und Gewaltlosigkeit ist nicht möglich ohne *Brahmacharya.*
Brahmacharya bedeutet die Beherrschung der Sinnesorgane in Gedanken, Worten und Taten.
Wer zwar körperlich enthaltsam lebt, aber im Herzen unrein ist, kann nicht als wahrer *Brahmachari* gelten.

Es gibt nur einen Weg, durch Gewaltlosigkeit
Unabhängigkeit zu erreichen:
Wenn wir sterben, leben wir,
wenn wir töten, niemals.

Wer nicht unbegrenzte Geduld aufbringt,
kann nicht Gewaltlosigkeit üben.

Für heute ist ein Generalstreik ausgerufen, um das Leben derer zu retten, die zum Tod durch Erhängen verurteilt worden sind.
Wenn das Programm dieses Tages verständig ausgeführt wird, werden wir einen großen Schritt vorwärts machen auf dem Weg der Gewaltlosigkeit.

Welch Ausmaß an Gewaltlosigkeit ist nötig, um jemanden, der selbst die kleinsten Dinge missversteht, geduldig zu ertragen.

Gewaltlosigkeit wird auf die Probe gestellt,
wenn sie der Gewalt gegenübersteht.

Was soll man tun, wenn ein böser Mensch vor uns tritt und unsere ganze Habe in Besitz nimmt? Was ist die gewaltfreie Lösung?
Die einfache Antwort ist, ihn liebevoll seinen Weg gehen lassen.

Wenn die Administration so schlimm wird, dass sie unerträglich ist, opfert ein Mensch sogar seine persönliche Freiheit, um ihr gewaltlosen Widerstand zu leisten.

Eine Gewalthandlung ist begrenzt und kann fehlschlagen.
Gewaltlosigkeit kennt keine Grenzen und schlägt niemals fehl.

Gewalt ist die Waffe des Schwachen;
Gewaltlosigkeit die des Starken.

Vor der Gewalt kapitulieren
ist ein Zeichen von Unmännlichkeit.

In der vollkommenen Gewaltlosigkeit
ist völlige Abwesenheit von Hass.

Gewaltlosigkeit dient dem Wohl aller,
nicht nur der größtmöglichen Zahl.
Wer Gewaltlosigkeit gelobt,
muss darauf vorbereitet sein,
sein Leben dranzugeben, um das Wohl aller zu sichern.

Der Gewalt muss abgeschworen werden, denn das Gute, das sie scheinbar erreichen kann, ist bloßer Schein, während der von ihr angerichtete Schaden von Dauer ist.

Was das Mitleid des Gegners erregen will,
ist nicht Gewaltlosigkeit.

Die Grausamkeit des einen
ist das Maß für die Güte des anderen.

Das Laster blüht in der Dunkelheit.
Es verschwindet im Licht des Tages.
Gewaltlosigkeit und Wahrheit leuchten von selbst.
Sonst sind sie nicht echt.

Arbeit und Einsatz

Wahrlich, das Land gehört dem, der auf ihm arbeitet.

Zuerst kommt die Arbeit, und erst dann kann der Lohn für den Aufwand der getanen Arbeit zugemessen werden. Arbeiten in diesem Sinn heißt Gott verehren. Wenn aber der Lohn zuerst eingefordert wird, so ist das ein Dienst für Satan.

Zwischen Schicksal und menschlicher Anstrengung besteht ein unaufhörlicher Kampf. Wir wollen uns anstrengen und das Ergebnis Gott überlassen.

Wir sollten weder alles dem Schicksal überlassen
noch auf unsere Anstrengung eingebildet sein.
Das Schicksal wird seinen Lauf nehmen.
Wir sollten nur darauf achten,
wo wir eingreifen können
oder wo das sogar unsere Pflicht ist,
unabhängig davon, was das Ergebnis sein wird.

Es ist ein Jammer, dass wir zwar wissen,
was unsere Pflicht wäre,
dass wir aber nicht danach handeln.
Jeder sollte sich selbst darüber Rechenschaft ablegen.

Was immer man tut,
man sollte es gut machen
oder überhaupt lassen.

Wann können wir sagen, wir hätten etwas nach unserem besten Können getan?
Wenn wir all unsere Kraft ohne jede Einschränkung eingesetzt haben.
Im Allgemeinen wird eine solche reine Anstrengung von Erfolg begleitet.
Die Erfahrung lehrt freilich, dass das nicht immer der Fall ist.
Die angemessene Anstrengung liegt dort vor, wo eine tiefe Überzeugung über die Korrektheit der angewandten Mittel vorhanden ist, so sehr, dass auch bei gegenteiligen Ergebnissen die Mittel nicht geändert werden und die Anstrengung sich nicht ändert oder nachlässt.

Wenn wir daran denken, wie gewaltig die Menge an Arbeit ist, die wir zu erledigen haben, könnten wir in Panik geraten und gar nichts mehr zustande bringen.
Wenn wir jedoch gelassen daran herangehen, wird sich zeigen, dass selbst ein Berg von Arbeit Tag für Tag weniger wird und schließlich erledigt ist.

Ob wir eine oder tausend Meilen zu gehen haben,
der erste Schritt bleibt immer der erste,
denn der zweite kann nicht getan werden,
bevor nicht der erste getan ist.

Eine schlampige Arbeit ist wie halbgebackenes Brot,
das man nur noch wegwerfen kann.

Wie ein Schiff ohne Richtung oder Zielort,
so ist Arbeit ohne ein Ideal vergeblich.

Nanak* sagt: „Wer sein Brot im Schweiße seines Angesichtes erntet und das, was er erntet, mit anderen teilt, kann wahrlich edel und aufrichtig genannt werden."

Wenn der Mensch nicht genötigt wäre, Aufgaben zu übernehmen, die seine Kräfte übersteigen, gäbe es keinen Raum für Angst. Wer nicht arbeitet und dennoch isst, ist ein Dieb.

**Nanak: Begründer der Sikhs, 1469–1538.*

Wer kann leichten Herzens essen,
solange auch nur ein Mensch hungert,
weil er keine Arbeit hat?

Solange Gold und Diamanten im Innern der Erde verborgen liegen, nützen sie niemandem. Die Arbeit des Menschen gräbt sie aus und gibt ihnen ihren Wert.
So gesehen ist es der Arbeiter, der sie hervorbringt.

So wie ich das Recht habe zu essen und zu trinken, so habe ich auch das Recht, meine Arbeit auf meine eigene Art zu verrichten.

Das gewöhnliche Volk ist für einen eifrigen Arbeiter die wirkliche Bank, und diese Bank macht niemals Bankrott.

Glaube und Gottvertrauen

Wir haben keinen Bestand
außerhalb und abseits von Gott.

Der Mensch für sich ist nichts.
Aber wenn er mit Gott eins wird, ist er alles.

Gott ist allgegenwärtig. Daher kommt es, dass Er zu uns spricht durch die Steine, Bäume, Insekten, Vögel, Tiere usw.

Wir existieren, weil Gott ist. Daraus ersehen wir, dass der Mensch, oder überhaupt alle Lebewesen, Teil des Göttlichen sind.

Wenn alles Gott gehört,
was sollen wir ihm anbieten und opfern?

Gott ist überall.
Doch wenn wir sein Sein
wirklich fühlen wollen,
müssen wir das Ich zurückstellen
und Platz machen für Ihn.

Wenn das Selbst stirbt,
füllt Gott die Leere auf.

Wenn wir Gott unseren Erlöser nennen
und unsere Unempfindlichkeit wachsen lassen,
begehen wir eine Sünde.

Wenn du vor Gott bestehen willst,
musst du das Kleid des Egoismus ablegen.
Dann kannst du vor ihn treten.

Wenn Gott in unseren Herzen wohnt,
können wir keine bösen Gedanken hegen
oder böse Taten begehen.

Was immer wir tun,
wir sollen es nicht tun,
um irgendjemandem zu gefallen
oder nicht zu gefallen,
sondern allein, um Gott zu gefallen.

Wer dem Gesetz Gottes gehorcht,
wird sich nie um ein anderes Gesetz kümmern,
das dem göttlichen Gesetz entgegensteht.

Den Durst eines Menschen ohne Wasser zu löschen
und die Seele zufriedenzustellen ohne Gott:
beides ist gleichermaßen unmöglich.

Gott und Satan können nicht beide
in deinem Herzen thronen.

Alles wird gut gehen,
wenn wir, auch in der Stunde der Seelenqual,
in der Lage sind,
die Gegenwart Gottes in uns zu erkennen.

Es liegt ein großer Unterschied
zwischen dem Leben des Glaubens
und einem bloßen Wunsch nach Glauben.
Der Mensch macht sich etwas vor,
wenn er das nicht sieht.

Es ist die Aufgabe des Menschen,
Gottes Auftrag zu erfüllen,
aber wie erkennt er, worin dieser besteht?
Wege zu dieser Erkenntnis
sind aufrichtiges Gebet
und entsprechendes Handeln.

Der Glaube ist die Sonne des Lebens.

Der göttlichen Macht
kann sich nichts widersetzen.

Was kann ein Mensch
mit dem Glauben *nicht* vollbringen?
Er kann alles bewirken.

Der Mensch kann mit dem Glauben
Berge versetzen.

Wenn die Wahrheit, das heißt Gott, mit uns ist,
welche Rolle spielt es dann,
ob die Welt mit uns ist oder nicht,
ob wir leben oder sterben?

Höre auf die Darlegungen der Weisen,
lies die Schriften und sammle Erfahrungen.
Aber wenn du nicht Gott
den ersten Platz in deinem Herzen einräumst,
ist alles vergeblich.

Obwohl wir mit eigenen Augen sehen,
dass Jung und Alt,
Reich und Arm
aus diesem Leben scheiden,
wollen wir uns keine Ruhe gönnen;
wir versuchen alles,
um einige Tage länger zu leben,
und vergessen dabei Gott.

Gott vergisst uns nie;
wir sind es, die Ihn vergessen.
Und das ist unser Elend.

Im Glauben gibt es keinen Raum für Verzweiflung.

In jedem Augenblick meines Lebens
bin ich mir der Gegenwart Gottes bewusst.
Warum sollte ich dann
irgendjemanden fürchten?

Im Neuen Testament steht folgender Satz: „Euer Herz beunruhige sich nicht und verzage nicht" (Joh 14,27). Das ist für die gesagt, die auf Gott vertrauen.

In diesen Tagen habe ich in der Bibel gelesen. Heute finde ich Folgendes: „Alles, was ihr im Gebet erbittet, werdet ihr erhalten, wenn ihr glaubt" (Mt 21,22).

Gott ist die Hilfe der Hilflosen."
Der gleiche Gedanke findet sich in Psalm 34,19:
„Nahe ist der Herr den zerbrochenen Herzen,
er hilft denen auf, die zerknirscht sind."

Bei Jesaja steht: „Fürchte dich nicht, denn ich bin mit dir“ (41,10) und: „Verlasst euch stets auf den Herrn; denn der Herr ist ein ewiger Fels“ (26,4).

Der Glaube kommt in die Bewährungsprobe,
wenn die Situation am schwierigsten ist.

Der Glaube darf nicht abnehmen,
er soll zunehmen
und zur Verwirklichung streben.

Wenn Gott unser Beschützer und Begleiter ist,
brauchen wir nichts und niemanden
zu fürchten, wie ungestüm der Sturm,
wie tief die Dunkelheit auch sein mag.

Wer sich in seiner Verzweiflung an Gott wendet,
wird durch keine Furcht mehr beunruhigt.

Es ist eine Sünde,
jemanden als hilflos zu betrachten,
der in Gott seine Zuflucht hat.

Es gibt keine Sicherheit für uns
außer im Schoß Gottes.

Gottes Wort ist: „Ich bin, war und werde immer sein, ich bin überall und in allem."
Wir wissen das, und doch wenden wir uns ab von Gott, suchen Zuflucht im Vergänglichen und Unvollkommenen und begeben uns so ins Elend.
Ist das nicht unglaublich?

An Gott zu glauben sollte das Einfachste auf der Welt sein, und doch scheint es das Schwierigste zu sein.

Einer hat Gott auf seiner Seite;
Tausende haben Satan auf der ihren.
Muss deshalb der eine die Tausenden fürchten?

Wer kann die Freude beschreiben,
die darin liegt, bei Gott Zuflucht zu finden?

Wer Gott als Begleiter hat,
warum sollte der traurig oder ängstlich sein
oder nach einem anderen Begleiter Ausschau halten?

Wer Gott auf seiner Seite hat,
hat alles.
Wer alles auf seiner Seite hat außer Gott,
hat nichts.

Was willst du noch mehr,
wenn der Himmel und Gott selbst in dir sind?

Wenn alle dich verlassen,
Gott wird dennoch mit dir sein.

Wir denken an Gott,
wenn es uns gut geht;
aber wahrhaft fromm ist nur der,
der sich Seiner auch dann erinnert,
wenn alles schief geht.

Der wahre Glaube bleibt unerschütterlich
auch in Unglück und Not.

Wahre Hilfe kann nur von Gott kommen.
Aber Gott hilft nur durch Vermittlung anderer.

Der Mensch weiß sehr wohl, dass es angesichts des Todes keinen Trost gibt, außer bei Gott, und doch zögert er, seinen Namen auszusprechen! Warum nur?

Wer Gott vergisst, vergisst sich selbst.

Wer die Existenz Gottes verneint, verneint sich selbst.

Wer nicht an die Existenz Gottes glaubt,
geht zugrunde.

Wer einen göttlichen Funken in sich hat,
wird dadurch unsterblich.

Wie werden wir sterben?
Durch Selbstmord? Niemals.
Wenn wir uns bereithalten zu sterben,
wenn der geeignete Zeitpunkt gekommen ist,
dann werden wir sterben, um ewig zu leben.

Der Glaube übersteigt die Vernunft;
er ist ihr nicht entgegengesetzt.

Wenn Vernunft und Glaube
in Widerstreit geraten,
ist es besser, den Glauben vorzuziehen.

Wem könnte Gott gleichen?
Ohne Gestalt und ohne Form,
ist er das Gesamt aller Eigenschaften
und zugleich völlig ohne Eigenschaften.
Warum sollte Gott dann männlichen Geschlechts sein?
Das ist nur eine Frage der Grammatik.
Gott, der nach unserer Auffassung formlos ist,
ist weder männlich noch weiblich.

Die Kraft, mit der ein Zug fährt, ein Flugzeug fliegt und der Mensch lebt, ist göttliche Kraft, wie immer man sie benennen mag.
Der Zug wird nicht von der Dampfmaschine bewegt; das Flugzeug wird nicht durch den Motor zum Fliegen gebracht; und ebenso wenig lebt der Mensch durch das mechanische Funktionieren des Herzens.

Der Glaube bewegt das Lebensschiff.

Gott ist unsere Hilfe und unser Steuermann.

Wer Gottes eingedenk ist, kann sich erlauben, alles andere zu vergessen.
Wer alles behält, aber Gott vergisst, behält in Wirklichkeit nichts.

An Gott denken und alles andere vergessen heißt:
Gott in allem sehen.

Unser Glaube sollte wie eine immer brennende Leuchte sein, die nicht nur uns Licht gibt, sondern auch unsere Umgebung erhellt.

Wir können nichts recht machen,
solange wir nicht mit innerem Licht gesegnet sind.

Wenn die innere Lampe brennt,
erhellt sie die ganze Welt.

Wenn das Herz eines Menschen erfüllt
ist vom Licht des Himmels,
verlieren sich alle Hindernisse auf seinem Weg.

Nur wenn Religion zu einem integralen Bestandteil des Lebens eines Menschen wird, kann sie Religion genannt werden.
Sie ist nicht äußerlich wie eine Hülle.

Religion besteht nicht darin, dies zu essen oder dessen sich zu enthalten, sondern allein in der Erkenntnis Gottes in einem selbst.

Religion ist das, was alles umfasst. Mit anderen Worten: Religion durchdringt das Leben in all seinen Aspekten und zu allen Zeiten.

Es gibt in der Tat so viele Religionen, wie es Menschen gibt.
Aber wenn man der Religion jedes Einzelnen auf den Grund geht, findet man, dass in Wirklichkeit die Religion eine ist.

Eine Religion, die von dieser Welt keine Notiz nimmt und nur auf die jenseitige aus ist, verdient nicht diesen Namen.

Wie könnte das Religion sein,
was nichts mit dem täglichen Leben zu tun hat?

Religion ist nicht irgendetwas abseits vom Leben.
Das Leben selbst
sollte als Religion betrachtet werden.
Leben, getrennt von der Religion,
ist nicht menschliches Leben, es ist tierisches Leben.

Religion ist keine Religion mehr,
wenn sie mechanisch wird.

Wahre Religion kennt keine Landesgrenzen.

Dadurch, dass es sich das Kleid der Religion anzieht,
wird das Laster nicht zur Tugend.

Für die Religion zu sterben
ist eine gute Sache;
für den Fanatismus aber
darf man weder sterben noch leben.

Wir sollen anderen Religionen
dieselbe Ehrfurcht entgegenbringen
wie unserer eigenen;
Toleranz allein ist zu wenig.

Anrufung Gottes, Gebet und Meditation

Eine Schwester sagte: „Ich habe immer gebetet, aber jetzt habe ich damit aufgehört."
Ich fragte: „Warum?"
Sie antwortete: „Weil ich mir damit selbst etwas vormachte."
Die Antwort ist natürlich richtig. Aber sie sollte aufhören, sich etwas vorzumachen. Warum hört sie mit dem Beten auf?

Wenn wir ein wahres Leben leben wollen, müssen wir unsere gedankliche Bequemlichkeit aufgeben und über das Grundsätzliche nachdenken.
Darüber wird unser Leben sehr einfach werden.

Haben wir überhaupt das Recht zu beten, solange wir uns nicht von unserer Unreinheit gereinigt haben?

Jemand mag eine Gebetsschnur verwenden, weil sie von einem Heiligen gesegnet wurde oder weil sie aus geheiligten Steinen, Sandelholz oder Perlen besteht.
Wenn aber der Benutzer die Gebetsschnur für das Wichtigste hält, würde er sie besser wegwerfen.
Wenn ihn die Gebetsschnur aber näher zu Gott bringt und ihn befähigt, seine Pflichten zu erfüllen, so mag er sie regelmäßig benützen.

Die Verbeugung eines Sohnes vor seinen Eltern ist zweifellos eine Art Gebet.
Wie sehr müssen wir dann Ihm huldigen, der der ewige Vater von uns allen ist? Wir dürfen Gebet hier nicht in einem engen Sinn verstehen.

Für den wahrhaft Frommen
ist nichts unmöglich.

Ein Frommer ist stets versunken in Gott.

Wer in Gott versunken ist, kann nicht in irgendjemand oder irgendetwas anderes daneben versunken sein.

Das Gebet braucht ein Herz, nicht eine Zunge.
Ohne Herz haben Worte keine Bedeutung.

Welch größeres Wunder kann einer wünschen, als dass der sternenübersäte Himmel und das innere Firmament des menschlichen Herzens gleichermaßen mit Vortrefflichkeit geschmückt sind?

Dem tieferen Nachdenken zeigt sich, dass der Himmel hier auf Erden ist und nicht am Firmament oben.

Ein unfehlbares Mittel, schlechten Gedanken zu entfliehen, ist das *Rama-Nama*, die beständige Anrufung des Namens Gottes.
Dabei sollte der Name nicht nur von den Lippen, sondern vom Herzen kommen.

Wenn es eine Hoffnung gibt für einen Menschen, dessen Herz trotz seiner Bemühungen unrein bleibt, so ist es das *Rama-Nama*.

R*ama-Nama* ist das einzige Heilmittel für die dreifachen Krankheiten (die körperlichen, moralischen und geistigen) des Menschen.

Liebe, Hass und dergleichen sind auch Krankheiten – und schlimmer als körperliche Beschwerden.
Wie kann man sich davon freimachen, außer durch *Rama-Nama*?

Es gibt sogar eine Grenze für die Macht des *Rama-Nama*: Kann zum Beispiel ein Dieb je erwarten, durch Anwendung des *Rama-Nama* ans Ziel zu kommen?

Rama-Nama hilft nur denen, die die Voraussetzungen für das Rezitieren erfüllen.
Es ist nutzlos, das Rama-Nama zu rezitieren, wenn man Ramas nicht würdig handelt.

Wer den Nektar des *Rama-Nama* trinken will, muss sich selbst reinigen von Lüsternheit, Zorn und dergleichen.

Der Nektar des *Rama-Nama* bringt der Seele Freude und befreit den Körper von seinen Leiden.

Wer seine Zuflucht im *Rama-Nama* sucht, hat *Rama-Nama* in seinem Herzen aufgerichtet und ist damit gebührend belohnt.

Es ist eine einfache und hundertprozentige Wahrheit, dass alle unsere Gedanken und Handlungen automatisch richtig sind, wenn wir allein beim *Rama-Nama* verweilen.

Beständigkeit in der Meditation
weist hin auf Tiefe des Gedankens;
sie führt auch zur Reinheit und Reife des Gedankens.

Meditation macht nicht dumpf und teilnahmslos,
Meditation macht stark und scharfsichtig.

Wenn wir zu spät zum Zug kommen,
versäumen wir ihn.
Was ist, wenn wir zu spät zum Gebet kommen?

Wie der See sich Tropfen um Tropfen auffüllt,
so nährt jede Minute echten Gebetes die Seele.

Die innere Kraft wächst durch das Gebet.

Der Mensch hat zwei Augen und zwei Ohren,
aber nur eine Zunge;
er soll also nur halb soviel reden wie sehen
und halb soviel reden wie hören.

Leidenschaften

Es ist gut, sich dem Verlangen nicht zu unterwerfen.
Wenn wir einmal nachgegeben haben,
wird Beherrschung schwierig, wenn nicht unmöglich.

Wer nicht in der Lage ist,
sich selbst zu beherrschen,
kann niemals wirklich über andere herrschen.

Wie es in der Natur des Wassers liegt,
abwärts zu fließen,
so zieht das Laster den Menschen abwärts,
und es stellt zweifellos den leichten Weg dar.
Tugend führt den Menschen aufwärts
und erscheint so als der schwere Weg.

Nanak sagt: „Träume sind der Beweis dafür, dass die Seele die Sinne als ihre Instrumente benutzt." Aber nur, wenn die Seele die Sinne unter Kontrolle behält, werden sie ihre Instrumente, und die Seele wird dann reif für die Vereinigung mit dem *Paramatma*, der Allseele.

Wünsche unnötig zu vervielfachen ist Sünde.

Unser größter Feind ist nicht der Fremde
noch sonst irgendwer.
Wir selbst, das heißt unsere Begehrlichkeiten,
sind unser Feind.

Die menschliche Habsucht erstreckt sich
bis zu den höchsten Höhen des Himmels
und den tiefsten Niederungen der Erde.
Es ist daher nötig, ihr Einhalt zu gebieten.

Alkohol macht den Menschen für den Augenblick unvernünftig, aber Stolz zerstört ihn völlig, und er ist sich dessen nicht einmal bewusst.

Der Neid verzehrt den, der ihn hegt.
Der, auf den der Neid zielt, bleibt davon unberührt, und möglicherweise nimmt er ihn gar nicht wahr.

Die Schmerzen des Hungers werden nicht dadurch gestillt, dass man sich den Magen vollstopft.
Sie können dadurch überwunden werden, dass man eine begrenzte Menge Nahrung zu sich nimmt, wie eine Medizin, und sich damit begnügt.

Verdienstvoll ist es, seinen Zorn gegen Bekannte und Verwandte zu bezähmen.
Gegenüber Fremden muss man sich ohnehin beherrschen. Welcher Verdienst kann dann darin liegen?

Wenn ein Mensch dem Zorn freien Lauf lässt,
schädigt er nur sich selbst.
Diese Wahrheit lehrt die tägliche Erfahrung.

Allein von dem kann man sagen,
dass er den Zorn bezwungen hat,
der selbst dann nicht zornig wird,
wenn ein Grund zum Zorn vorliegt.

Sieg über den Zorn heißt nicht, dass der Zorn zwar äußerlich nicht mehr sichtbar ist, während das Herz noch voll ist davon.
Überlegtes Austreiben des Zorns mit Stumpf und Stiel stellt den wirklichen Sieg dar.

Magenverstimmung und dergleichen sind nicht die einzigen Gründe für Fieber. Auch Zorn kann es hervorrufen.

Nur das Werk, das getan wird,
nachdem der Zorn sich gelegt hat,
trägt Frucht.

Auf wen willst du zornig sein?
Auf dich selbst?
Tu das jeden Tag.
Auf andere?
Warum sollte es dafür einen Grund geben.

Es ist nicht der Mensch,
der sich am Genuss erfreut;
es ist der Genuss,
der den Menschen erfreut,
das heißt ihn verbraucht.

Selbstsucht ist ein ständiger Quälgeist.

Eine egoistische Äußerung
kann immer als unaufrichtig gelten.

Ein Sklave von Furcht und Selbstsucht zu sein
ist die schlimmste Form von Sklaverei.

Wie erhaben immer das Streben,
es sollte auch die niedrigsten Geschöpfe einbeziehen.

Selbstsucht und Furcht lösen sich auf,
wenn man Gott erkennt.

Loslösung und Freiheit

Nach der *Bhagavad-Gita* ist Erlösung die äußerste Loslösung von allem.

Wie gelangt man zu Loslösung?
Indem wir Freude und Trauer,
Freund und Feind,
Mein und Dein
als gleich einzuschätzen lernen.
So kann Gleichmut
als anderer Ausdruck für Loslösung stehen.

Wir alle sehnen uns nach Erlösung, aber wir wissen möglicherweise nicht genau, worin sie besteht. Befreiung aus dem Kreislauf von Geburt und Tod ist auf jeden Fall eine ihrer Bedeutungen.

Wenn all unsere Zeit Gott gehört, wie können wir es uns leisten, auch nur einen einzigen Augenblick zu vergeuden?
Und wenn wir Gott angehören, warum sollten wir auch nur einen Teil unseres Wesens dem Verfolgen von leeren Vergnügungen des Lebens widmen?

Loslösung ist ein schwieriges Unterfangen, sagen manche. So ist es. Aber ist nicht das, was nottut, immer schwierig zu erreichen? Nur durch den Einsatz einer beständigen und entschiedenen Anstrengung wird das Schwierige leicht.

Furchtlosigkeit bedeutet die Abwesenheit jeder Art von Furcht – Furcht vor dem Tod, Furcht vor körperlicher Verletzung, Furcht vor Hunger, Furcht vor Schmähung, Furcht vor öffentlicher Bloßstellung, Furcht vor Geistern und bösen Mächten, Furcht vor irgendjemandes Zorn.
Das Freisein von solcher oder ähnlicher Furcht macht die Furchtlosigkeit aus.

Ohne Selbstlosigkeit,
wie kann es da Furchtlosigkeit geben?

Angst schwindet nur mit der Auslöschung des Ichs.

Der Mensch findet sich, indem er sich selbst verliert.

Der heilige Dichter Narsinh sagt:
„Ein Mann Gottes sucht nicht die Befreiung aus Geburt und Tod; er verlangt danach, immer wieder geboren zu werden."
Unter diesem Gesichtspunkt erhält Erlösung eine andere Bedeutung.

Innere Kraft gewinnen wir aus der Lektüre der heiligen Schriften;
wahre Freiheit kann aber nur durch innere Erleuchtung gewonnen werden.

Wenn ein Mensch etwas tut und es nachher bedauert, so zeigt das, dass er es nicht nach gebührender Überlegung, sondern unter Zwang getan hat.

Dieselbe Sache bringt uns, von einer Seite aus betrachtet, aus der Fassung, von einer anderen Seite besehen, zum Lachen.
Wäre es nicht besser, weder ärgerlich zu werden noch zu lachen?

Wer durch schlechte Nachrichten nicht verstört wird, wird sich über gute Nachrichten nicht freuen.

Die Freude des Lebens liegt darin,
sich der Sorgen des Lebens zu entledigen.

Wenn ein Mensch unter dem Himmel schläft,
wer kann ihn ausrauben?

Nanak lag im Freien unter dem Himmel.
Ein freundlicher Wirt sagte zu ihm: „Es gibt eine schöne Herberge in der Nähe. Warum nicht dorthin gehen?"
Nanak antwortete: „Die ganze Erde ist meine Herberge, und der Himmel ist ihr Dach."

Narasinha Mehta sagt: „Zu sagen ‚Ich tue dies' und ‚Ich tue das' ist der Gipfel der Unwissenheit."
Der Schlüssel zum Losgelöstsein liegt in der Betrachtung dieser Wahrheit.

Die Sinnesobjekte kommen und gehen.
Der Punkt, auf den zu achten ist, ist der, dass wir uns elend fühlen, wenn sie entschwinden; aber wenn wir selbst sie ausschlagen, sind wir erfreut und fühlen uns glücklich.

Das Fasten bringt mehr Freude als das Essen.
Wer hat diese Erfahrung noch nicht gemacht?

In einem Gebet des hl. Franz von Assisi heißt es:
„O göttlicher Herr!
Im Geben empfangen wir,
und im Sterben werden wir wiedergeboren
zum ewigen Leben.“

Nanak sagt: „Alles, was du weggibst, gehört dir;
was du behältst, gehört dir nicht.“

Alles, was wir nehmen, schnappen wir anderen vor dem Mund weg.
Wir sollen daher, wenn wir uns etwas aneignen wollen, prüfen, ob wir es wirklich brauchen, und darauf achten, dass wir möglichst wenig wünschen.

Verfolge den Weg einer jeden Münze, die in deiner Tasche landet, und du wirst durch solches Nachdenken viel lernen.

Wer in den Kategorien von „Dein" und „Mein" denkt, kann nicht frei sein von Anhänglichkeit und Gebundenheit.

Einer begeht einen Diebstahl, ein anderer begünstigt ihn, ein dritter trägt sich mit dem Gedanken.
Alle drei sind Diebe.

Ein Mensch, der seine Gebundenheiten gelöst hat, kann nichts besitzen.

Nicht-Besitzen heißt:
Nichts horten, was wir heute nicht brauchen.

Gib alles, und du gewinnst alles.
Behalte alles zurück, und du verlierst alles.

Wer aufgrund der Umstände arm ist,
kann nicht durch freien Entschluss arm werden.

Wer seine Integrität wahren will,
muss darauf vorbereitet sein,
allen materiellen Besitz zu verlieren.

Wir sollten aufhören, nur an uns zu denken,
wenn wir an andere denken.

Ein Mann des Wissens
erreicht Frieden
nur durch Entsagung.

Verzicht ist wahre Freude.

Verzicht, der nicht aus dem Herzen kommt,
hat keine Dauer.

Ein tamilischer Dichter sagt, das Leben des Menschen sei so vergänglich wie ins Wasser geschriebene Wörter. Darüber sollte man immer wieder nachdenken.

Unordnung geht nie mit Losgelöstsein zusammen.

Alles ist richtig und geordnet,
wenn es an seinem Platz ist,
ungeordnet, wenn es nicht an seinem Platz ist.

Man sagt, dass eine Pilgerreise nicht auf Kosten von Herd und Heim unternommen wird. Die Wahrheit ist aber, dass eine Pilgerreise nur nach einem vollständigen Verzicht auf Herd und Heim möglich ist.

Ein Mensch ohne Anhänglichkeit und Gebundenheit wird unerschöpfliche Geduld haben und unter keinen Umständen Anlass zu Zorn geben.

Es ist um vieles leichter, andere zu besiegen, als sich selbst zu besiegen, denn Ersteres kann durch Zuhilfenahme äußerer Mittel erreicht werden, während Letzteres nur mit der eigenen mentalen Kraft erreicht werden kann.

In den Dingen der Welt verstrickt bleiben und auf Selbst-Verwirklichung hoffen ist ein Ding der Unmöglichkeit.

Solange Anhänglichkeit und Gebundenheit vorliegen, wird die Ausführung selbst einer reinen Tat zur Machenschaft.

Wie kann ein Mensch, der die Nacht zum Tage macht, frei von Verstrickung sein?

O Mensch! Wenn du dich wirklich von allem losgelöst hast, musst du dich mit Beleidigungen, Beschimpfungen und sogar tätlichen Angriffen geduldig abfinden.

Jemandes Gefallen suchen heißt
seine Freiheit drangeben.

Eine Frau ist nicht hilflos. Sie soll sich nie für schwächer halten als ein Mann.
Und sie soll daher auch nie an das Mitleid eines Mannes appellieren, noch sich von ihm abhängig machen.

Wenn jemand sich der Autorität unterwirft,
so bedeutet das,
dass er den Preis der persönlichen Freiheit zahlt.

Warum sollte ich von irgendjemandem abhängig sein
in meinen persönlichen Angelegenheiten?

Hörigkeit gegenüber der Umgebung
stumpft den Geist des Menschen ab.

Wer niemandes Sklave werden will,
muss der Sklave Gottes werden.

Wenn ein Mensch sein Herz leer macht,
tritt Gott dort ein.

Wirkliche Schwäche ist innerlich, nicht äußerlich.
Wo Friede des Geistes ist, ist unfehlbare innere Stärke.

Ein Kennzeichen von Losgelöstsein besteht darin, dass ein Mensch, der frei ist von Anhänglichkeiten, am Ende des Tages mit seiner Arbeit nie in Verzug ist.

Eine Probe auf Losgelöstsein ist, dass ein Mensch, der mit *Rama-Nama* auf den Lippen zu Bett geht, sofort in Schlaf fällt.

Demut und Einfachheit

Wer der Staub an jedermanns Füßen ist,
ist nahe bei Gott.

Güte und Größe liegen in der Einfachheit,
nicht im Reichtum.

Hochmut zerstört einen Menschen völlig.
Das kann jedermann jederzeit feststellen.
Auf der anderen Seite sind Bescheidenheit und Demut
förderlich und gut für des Menschen Wachstum.

In der Selbstgefälligkeit liegen alle Schwierigkeiten.

Wer kann dem, der sich auf den Boden gesetzt hat,
einen niedrigeren Platz anweisen?
Und wer kann den zum Sklaven machen,
der selbst zum Sklaven aller geworden ist?

Der Mensch schämt sich, wenn er Unrecht tut.
Wenn er aber Gutes tut, will er, dass alle es wissen.
Warum?

Kann es eine größere Armseligkeit geben als die, unsere guten Seiten herauszusuchen und sie gegenüber anderen zu loben?

Bei anderen nur Fehler zu sehen
ist noch armseliger,
als die eigenen Vorzüge zu loben.

Wir sollten immer auf die Kritik an unseren Fehlern und Versäumnissen hören und niemals auf das Lob.

Unwissenheit verbergen heißt sie vermehren.
Ein demütiges Eingeständnis hingegen
gibt Grund zur Hoffnung, dass sie geringer wird.

Wenn du wirklich demütig bist,
wirst du nie, nicht einmal in deinen Träumen,
herabsetzend denken über die,
die nicht dieselben Einschränkungen auf sich nehmen
wie du.

Wir sind nicht besser als irgendein anderer –
dieser Gedanke ist voll Wahrheit und Demut.

Nur der ist würdig, Strafe zuzumessen,
dessen Urteil unfehlbar ist.
Wer ist das außer Gott?

Wie können wir die Finsternis des Egoismus
überwinden?
Durch das Licht größter Demut.

Das Licht der Erkenntnis
kann niemals aufgehen
über dem Hochmütigen.

Einen Menschen erkennt man wirklich
an der Demut seines Geistes.

Freundlich und großzügig ist der Mann Gottes
zu den Leidbeladenen,
und sein Geist ist nicht berührt von Hochmut.“ –
Wenn Gott all unser Tun beseelt,
welchen Platz hat dann der Stolz?

Demut ist wirkungslos, wenn sie nur Verstellung ist;
dasselbe gilt für Schlichtheit.

Schlichtheit kann nicht vorgetäuscht werden,
sie muss eingewebt sein in die Natur des Menschen.

Die Demut eines Menschen,
der von Natur demütig ist,
wird wie das Wasser,
das von Natur aus abwärts fließt,
ein Segen für die Welt.

Schweigen

Wer Gott von Angesicht zu Angesicht gegenübersteht, spricht nicht, kann nicht sprechen.

Warum fallen wir so oft in Unwahrheit, sei es aus Angst oder aus Scham?
Wäre es nicht besser, stattdessen zu schweigen oder die Furcht voreinander abzulegen und frei heraus zu sagen, was wir denken?

Wer sich in Selbstbeherrschung übt oder gänzlich von der Arbeit in Beschlag genommen ist, spricht kaum.
Sprechen und Handeln gehen schlecht zusammen.
Sieh auf die Natur. Sie ist beständig in Aktion, steht nie still, und doch schweigt sie.

Täglich stelle ich fest, wie wichtig das Schweigen ist. Es ist wichtig für alle, aber für den, der ganz in seiner Arbeit aufgeht, ist Schweigen Gold.

Wenn es einem Menschen zur Gewohnheit geworden ist, nicht zu wissen, was er sagt, ist es höchste Zeit, dass er diese Angewohnheit los wird, indem er seinen Mund verschließt und seine Lippen versiegelt.

Von Tag zu Tag wächst in mir die Erfahrung,
dass durch Schweigen alles erreichbar wird.

Ein reiner Gedanke ist weitaus mächtiger
als eine Rede.

Wenn wir aufhören würden, über nutzlose Dinge zu reden, und über die wichtigen Dinge mit möglichst wenigen Worten sprechen würden, könnten wir uns und den anderen viel Zeit ersparen.
Daraus folgt, dass wir dadurch unserer Lebensspanne diese viele Zeit hinzufügen könnten.

Schweigen ist die beste Rede.
Wenn du sprechen musst,
so sprich so wenig wie möglich.
Vermeide es, zwei Wörter zu gebrauchen,
wenn eines genügt.

Sprechen oder nicht sprechen –
wenn das die Frage ist,
sollte Schweigen an die Stelle des Sprechens treten.

Ein weiser Mann hat gesagt, dass wir durch Schweigen bereit werden zur Selbst-Erkenntnis und dass unser äußeres Leben in Übereinstimmung kommt mit dem inneren.

Der Mensch schadet seinen Angelegenheiten
viel mehr durch Reden als durch Schweigen.

Durch Furcht veranlasstes Schweigen
ist kein Schweigen.

Wenn jemand die Geduld verloren hat,
sollte er Zuflucht nehmen zum Schweigen
und nur sprechen, wenn er sich wieder beruhigt hat.

Lärm kann nicht über Lärm siegen;
Schweigen tut es.

Über allem – Schweigen.

Reinheit

Nichts wird jemals ohne Anstrengung,
das heißt ohne *Tapa* – Askese –, erreicht.
Wie sollte dann Selbst-Reinigung ohne sie möglich sein?

Wer im Inneren wirklich rein ist,
kann im Äußeren nicht unrein bleiben.

Wenn das Innere rein ist,
dann ist es auch das Äußere.

Unreinheit des Geistes
ist gefährlicher als Unreinheit des Körpers.
Letztere ist allerdings ein Zeichen der Ersteren.

Unsere persönliche Reinheit zählt wenig,
wenn unsere Nachbarn nicht rein sind.
Was von der äußerlichen Reinheit gilt,
gilt auch von der inneren.
Wenn unser Nachbar innerlich unrein ist,
so betrifft das auch uns.

Wie verfehlt ist es,
wenn wir andere zur Reinheit auffordern,
während wir selbst unrein bleiben.

Ein Wort, das aus einem reinen Herzen kommt,
ist niemals vergeblich.

Das Eingeständnis von Irrtum
wirkt wie ein Besen.
Der Besen kehrt den Schmutz weg;
Eingeständnis nicht weniger.

Es ist sehr schwer, seinen Irrtum einzugestehen;
aber es gibt keinen anderen Weg zur Selbstreinigung.

Wer an Körper und Seele völlig gesund ist,
wird nicht von Krankheit befallen.

Auch schlechte Gedanken
sind ein Anzeichen von Krankheit.
Meiden wir also schlechte Gedanken.

Ein reiner Gedanke ist so fein
und doch so machtvoll,
dass er alles durchdringt.

Wenn Müßiggang uns wehtut,
bleiben wir nicht müßig.
Und wenn Unreinheit uns Unglück beschert,
werden wir nicht unrein sein oder bleiben wollen.

Ist unrein nur, was dem Auge als unrein erscheint? Wenn auf einem weißen Gegenstand auch nur geringster Schmutz ist, finden wir das ärgerlich; auf einem schwarzen Gegenstand hingegen mag jede Menge Schmutz sein, wir kümmern uns nicht darum.

Wir halten das Schwarze für unrein und das Weiße für rein. Aber das Schwarze ist, an seinem Ort, gleichbedeutend mit Tugend; wie das Weiße, nicht an seinem Platz, Laster ist.

Konfuzius sagt: „In einem wohlgeordneten Staat wird der Fortschritt nicht in Begriffen des Reichtums gemessen. Die Reinheit des Volkes und seiner Führer allein bilden den wahren Reichtum der Nation."

Gott ist Einer. Er hat weder Gestalt noch Form.
Wir sind sein Spiegel.
Wenn wir geradlinig und rein sind,
spiegelt er sich in uns so wider.
Wenn wir jedoch krumm und befleckt sind,
erleidet Sein Bild auch diese Verzerrung.
Es ist daher unsere Aufgabe,
in jeder Hinsicht klar und rein zu bleiben.

Reinheit braucht keinen äußerlichen Schutz.
Sie braucht nur die Hilfe Gottes.

Innere und äußere Reinheit zusammen
rühren an die Göttlichkeit.

Einzig der kann ein Opfer darbringen,
der rein, furchtlos und würdig ist.

Wenn wir die Tafel abwischen,
wird Gottes Handschrift deutlich sichtbar.

Liebe und Dienst

Wie bedrohlich die Krisis auch ist,
das Feuer der Liebe wird sie überwinden.

Reine Liebe vertreibt jeden Überdruss.

Das Band der Liebe wird immer fester,
und doch wird es nicht als Fessel empfunden.

Man sagt im Allgemeinen,
dass es keine Liebe ohne Furcht gibt.
Aber das stimmt nicht.
Wo Furcht ist, kann keine wahre Liebe sein.

Die Finsternis des Egoismus
ist undurchdringlicher als die Finsternis selbst.

Es ist leichter, das Meer zwischen den Kontinenten zu überbrücken,
als die Kluft zwischen Individuen oder Völkern.

Gegen wen könnten wir Feindschaft hegen,
wo doch Gott selbst sagt,
dass er in allen Lebewesen wohnt?

Gott wohnt weder im Tempel noch in der Moschee.
Er ist weder drinnen noch draußen.
Wenn er überhaupt irgendwo ist,
dann im Hunger und Durst der einfachen Leute.

Der Mensch kann nicht Gott verehren
und gleichzeitig seine Mitmenschen verachten.
Das eine ist mit dem anderen unvereinbar.

Das selbstlose Handeln ist eine Quelle der Stärke, denn solches Handeln ist zugleich Verehrung Gottes.

Den Nackten Kleider schenken heißt sie beleidigen. Gib ihnen Arbeit, so dass sie das Geld für Kleider durch eigener Hände Arbeit verdienen können.

Es ist eine Versündigung, Freiküchen für die aufzumachen, die zu körperlicher Arbeit fähig sind. Ihnen Arbeit zu geben ist verdienstlich.

Ich sehe einen Menschen, den ich für meinen Bruder halte und den ich als solchen liebe. Später finde ich, dass er nicht mein Bruder ist. Er ist, was er ist, und ich gebe ihn auf. Wer hat daran schuld?

Nur wer stark ist, kann vergeben.
Wer schwach ist, kann nicht bestrafen,
sodass sich die Frage der Vergebung gar nicht stellt.

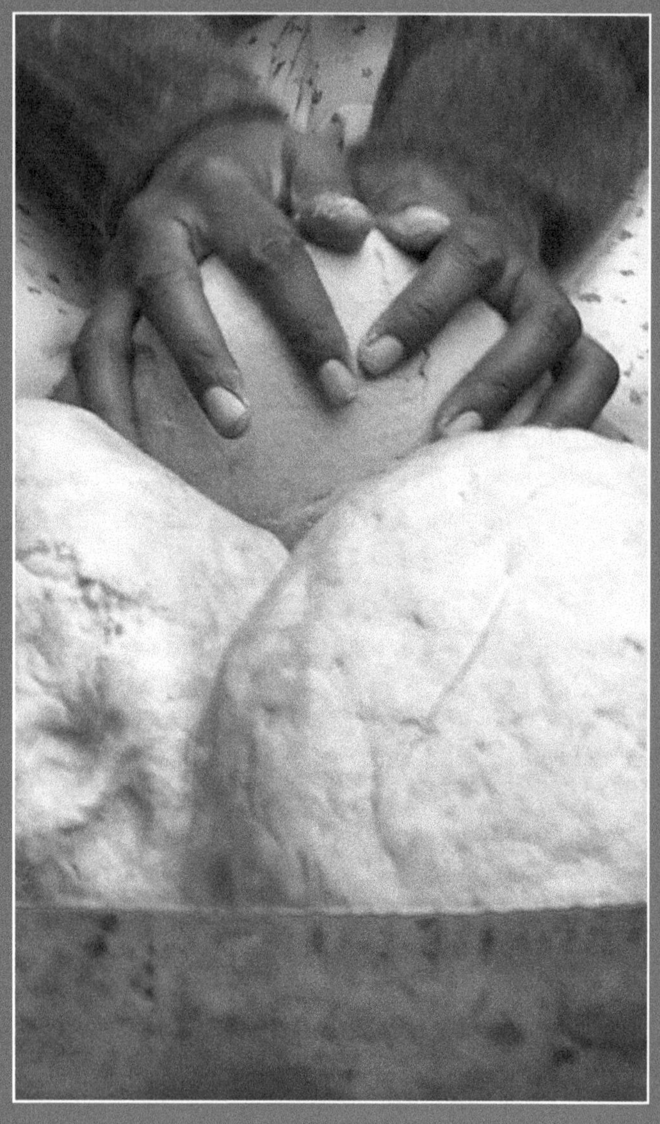

Einem hungrigen Menschen
erscheint Gott allein in der Form von Brot.

Wer an das Leid der Menschheit denkt,
denkt nicht an sich selbst.
Wann hätte er die Zeit dazu?

Nanak sagt: „Gott wohnt in jedem menschlichen Herzen, und so ist jedes Herz ein Tempel Gottes.“ Wenn Gott in jedem Herzen wohnt, wer wagt es dann, jemanden zu hassen?

Nanak sagt: „Gott hat es so eingerichtet, dass wir alle auf dieser Welt eine Familie sind und jeder von uns für die anderen leben soll.“

Aufhebung der Unberührbarkeit besteht nicht allein im Berühren der *Harijans*, sondern darin, dass wir in ihnen Freunde und Verwandte sehen; mit anderen Worten: dass wir sie wie unsere eigenen Brüder und Schwestern behandeln. Niemand ist hoch, niemand niedrig.

Der wahre Dienst an den Unberührbaren wäre,
sie von Furcht zu befreien
und ihre Verzweiflung aufzuheben.

Wie unzählige Tropfen schließlich ein Meer bilden,
könnten wir, wenn wir freundlich sind,
ein Meer von Freundlichkeit werden.
Die Welt würde umgestaltet werden,
wenn jedermann in der Welt
im Geiste gegenseitiger Freundschaft lebte.

Durch Zusammenhalt und Zusammenwirken
bilden Tropfen ein Meer.
So sollte es auch bei den Menschen sein.

Die Größe eines Menschen liegt in seinem Herzen, nicht in seinem Kopf, das heißt im Intellekt.

Niemand ist wertlos, der einem anderen auch nur im Geringsten die Bürde erleichtert.

Wir sollten nur eine Angst haben – die Angst etwas Gemeines oder Falsches zu tun.

Dränge keinen Menschen zu guten Vorsätzen; wenn aber jemand nach freier Abwägung einen Vorsatz fasst, dann lass nicht zu, dass er ihn wieder verwirft.

Das Gegenteil von Neid ist Großzügigkeit. Großzügigkeit erlaubt uns nicht, auf irgendjemanden neidisch zu sein. Im Gegenteil, wenn wir in jemandem etwas Wertvolles entdecken, sind wir dankbar dafür und ziehen noch Nutzen daraus.

Wir können unsere Schwächen durch unsere Mitmenschen sehen und sogar korrigieren.
Und wenn wir in unserem täglichen Leben die höchste Reinheit pflegen, können wir hoffen, anderen einen wirklichen Dienst zu leisten.

Wer allen gefallen will, wird niemandem gefallen.

Gott ist es, dem wir gefallen sollen.
Ihn allein sollen wir preisen.
Dann werden wir frei von allem Ärger und Verdruss.

Wie können wir Gott gefallen,
wie sollen wir ihn preisen?
Indem wir seinem Geschöpf dienen – dem Menschen.

Das Leben besteht nicht in Zecherei und Lustbarkeit, sondern im Lob Gottes, das heißt im wirklichen Dienst an der Menschheit.

Wir leben nicht zu unserer Belustigung.
Wir leben, um den Schöpfer zu vergegenwärtigen und der Schöpfung zu dienen.

Wenn Dienst an der Menschheit und Vergegenwärtigung Gottes die Bestimmung des Lebens ist, dann müssen wir rein und enthaltsam leben.

Wahrer Dienst an der Gesellschaft ist das, wodurch die Gesellschaft, in all ihren Gliedern, erhoben wird. Aber nur, wenn man eine bestimmte Gesellschaft genau beobachtet, wird es möglich sein zu sagen, wie sie gebessert werden kann.

Wer keine Gesetze kennt und befolgt,
kann nicht ein Diener des Volkes sein.

Nur wer wahrhaft dient, ist ein guter Hausvater.
Er gibt ständig, ohne eine Gegenleistung zu erwarten.

Wenn wir etwas geben,
müssen wir das Beste von uns selbst geben.

Es gibt keinen Augenblick im Leben des Menschen,
in dem er nicht dienen kann.

Man ist der Diener dessen, für den man arbeitet,
nicht dessen, dem man nur Lippenbekenntnisse zollt.

Unerwünschten Dienst anzunehmen,
der nicht freudig geleistet werden kann,
ist eine schmerzliche Bürde.

Die heilige Katharina von Siena hatte einmal kein Geld bei sich; sie hatte nur einen Mantel, den sie trug. Ein Bettler bat sie darum, und sie gab ihm den Mantel. Daraufhin fragte jemand sie: „Wie willst du ohne Mantel reisen?“ Sie antwortete: „Das Gewand der Liebe wird mich weit besser umhüllen als der Mantel.“

Nur ein Leben, das im Dienst an anderen steht,
bringt Früchte.

Das wahre Maß für das Gelingen
im Leben eines Menschen
ist die Zunahme von Zärtlichkeit und Reife.

Gleichmut und Geduld

Es gibt nichts, was nicht durch Geduld und Gleichmut erreicht werden könnte.
Diese Erfahrung kann tagtäglich gemacht werden.

Was ist Geduld? Shankaracharya* sagt: „Setze dich an die Küste des Meeres und nimm mit einem Grashalm einen Tropfen Wasser heraus. Wenn du genügend Geduld hast und es einen Ort in der Nähe gibt, der den Tropfen aufnehmen kann, wirst du mit der Zeit das Meer von allem Wasser leeren."
Das ist ein Bild für nahezu vollkommene Geduld.

**Shankara: bedeutendster Philosoph des Vedanta, der die älteren Upanishaden kommentiert hat; um 800 n. Chr.*

Auch wenn du jemandem
etwas tausendmal gesagt hast,
und er hat nicht zugehört,
musst du es ihm immer und immer wieder sagen.
Das ist Geduld.

Die Eiligen sind aufgeregt und lärmend;
die Langsamen und Beständigen
zeigen Gelassenheit und Ruhe.“
Diese Tatsache lässt sich jederzeit beobachten.

Rastlosigkeit und Ungeduld
sind zwei Krankheiten, die das Leben verkürzen.

Die Gelassenheit eines Menschen
kann nur in der Welt der Menschen,
nicht in den einsamen Höhen des Himalaya
erprobt werden.

Warum wird ein Mensch unruhig,
wenn er nicht imstande ist, seine Arbeit zu tun?

Was soll man tun, wenn viel Arbeit ansteht und wenig Zeit ist, sie auszuführen?
Man soll Geduld haben, das tun, was man für das Nützlichste hält, und den Rest Gott überlassen.
Wenn Gott das Leben gewährt, kann das, was nicht erledigt wurde, an einem andern Tag getan werden.

Wenn es ein Missverständnis gibt, werde ich zornig, ich weine, lache, fühle Bedauern.
Wäre es stattdessen nicht meine Pflicht, ruhig zu bleiben und zu versuchen, das Missverständnis auszuräumen?

Äußerer Friede nutzt nichts
ohne inneren Frieden.

Wer nicht in allen Umständen gelassen bleibt,
lebt sicher nicht in Frieden,
wie sehr es äußerlich auch so scheinen mag.

Es gibt keine sinnliche Wahrnehmung
ohne Beständigkeit des Geistes.

Wenn wir unser Ideal nicht aufgeben,
wird das Ideal nie uns aufgeben.

Wenn der Mut fehlt,
alles gutwillig zu ertragen,
wird der gute Wille
zu einer hohlen Tugend.

Wem es an Frieden und Festigkeit mangelt,
kann nicht Gott erkennen.

Wie groß die Gewalt des Sturmes auch sein mag,
das Meer verliert nicht seine Ruhe.

Leicht ist es, etwas zu vernichten.
Etwas aufzubauen
erfordert große Geschicklichkeit und Sorgfalt.

Vieles wird erreicht durch Geduld
und geht wieder verloren durch Ungeduld.

Taten brauchen, wie Samenkörner, ihre Zeit,
bis sie Frucht bringen.

Süß sind die Früchte der Geduld.

Glück und Leiden

Niemand ist auf Rosen gebettet;
das Leben ist voller Dornen.

Sich am Glück erfreuen heißt das Unglück einladen.
Wahres Glück entsteht aus Kummer und Leid.

Leid ist die andere Seite der Freude.
So folgt das eine unweigerlich dem anderen.

Wie Freude und Leid ein Paar bilden,
wobei das eine dem anderen folgt,
so ist es mit allen Dingen im Leben.
Wenn wir also wirklichen Frieden im Herzen suchen,
müssen wir uns über solche Gegensatzpaare erheben.

Nanak sagt: „Die Sehnsucht nach dem Glück ist wirklich eine Krankheit. Leid und Schmerz sind das Heilmittel dagegen."

Das Glück entflieht uns,
wenn wir hinter ihm herrennen.
In Wahrheit kommt das Glück von innen.
Es ist kein Gebrauchsartikel,
den man irgendwo kaufen könnte.

Je mehr Erfahrungen ich sammle, um so klarer erkenne ich, dass der Mensch selbst Grund sowohl für sein Glück wie für sein Elend ist.

Warum gibt es Gut und Böse, Glück und Elend? Gott *ist*, und doch ist er kein einzelnes Wesen. Er ist sowohl Gesetz wie Gesetzgeber. Daraus folgt, dass der Mensch ist, was er durch seine Taten wird. Er erhebt sich durch gute Taten, und er fällt durch schlechte Taten.

Unser Glück und Seelenfrieden beruhen darauf, dass wir tun, was wir für richtig und angemessen halten, und nicht, was andere sagen oder tun.

Der Freude, schweigend seine Pflicht zu tun, kommt keine andere Freude gleich.

Es gibt kein Glück, das der Wahrheit, kein Elend, das der Unwahrheit gleichkommt.

Verwunderlich ist, dass sogar ein Mensch, der weiß, worin das wahre Glück besteht, sein Leben nutzlos vertut auf dem Weg der Unwahrheit.

Wahres Glück besteht nicht darin, dass man bekommt, was man mag.
Es kommt aus der Bemühung, Zuneigung zu gewinnen zu dem, was man nicht mag.

Die Freude ist grenzenlos,
wenn jemand erreicht,
was jenseits seiner Hoffnungen lag.

Das nicht gekünstelte, ursprüngliche Lachen
ist wahre Beredsamkeit und wirksamer als Reden.

Der Mensch kann sein Leid weglächeln;
durch Schreien vervielfacht er es.

Wer in seinem Leid wühlt,
vervielfacht es.

Ein Opfer, das Leid verursacht,
ist überhaupt kein Opfer.
Das wahre Opfer gibt Freude und Aufschwung.

Nanak sagt: „Je nachsichtiger jemand gegenüber sich selbst ist, um so unglücklicher wird er."

Wenn das Ich stirbt, erwacht die Seele.
Wenn die Seele erwacht, schwindet alles Leid.

Leben und Tod

Zahlreich sind unsere Unpässlichkeiten, und zahlreich sind die Heiler und ihre Heilmittel.

Wir könnten uns viel Ärger und Verdruss sparen, wenn wir alle Krankheiten als eine und Gott als den einen und alleinigen Arzt sehen würden, der sie beseitigen kann.

Es ist seltsam, dass wir hinter Ärzten herlaufen, die selber sterblich sind, und Gott, den unsterblichen, ewigen und unfehlbaren Arzt, vergessen!

Seltsamer noch ist, dass wir zwar wissen, dass wir sterblich sind und dass die Behandlung durch einen Arzt unser Leben bestenfalls einige Tage verlängern kann, und dass wir dennoch auf der Suche nach einem Arzt wie um die Wette rennen.

Wir sahen Mahadev in seinem physischen Körper und in seinen Schriften – was auf dasselbe hinauskam. Der Mahadev aber, der den Körper verlassen hat, ist allgegenwärtig. Er kann erkannt werden in seinen Wirkungen, an denen wir alle gleichermaßen teilhaben können.

Sind nicht Tod und Leben
zwei Seiten derselben Medaille?
Du findest den Tod auf der einen Seite
und die Geburt auf der anderen.
Warum sollte das Anlass sein zu Trauer oder Freude?

Wenn das die Wahrheit über Geburt und Tod ist,
und es ist die Wahrheit,
warum sollten wir den Tod
auch nur im Geringsten fürchten
oder über ihn traurig sein
und uns über die Geburt freuen?
Diese Frage sollte sich jedermann stellen.

Wie sollen wir unserer lieben Toten gedenken? Ich bin fest überzeugt, dass sie nicht sterben; es ist nur der Körper, der zugrunde geht.
Ihr Gedächtnis sollte dadurch aufrechterhalten werden, dass wir uns ihre Tugenden so weit wie möglich aneignen, indem wir ihr gutes Wirken aufgreifen und nach unseren besten Möglichkeiten fördern.
Blumen an der Gedenkstätte dienen dazu, solche Erinnerung zu bestärken. Aber sich mit dem bloßen Blumenopfer zufriedenzugeben, wäre Götzendienst.

Wie gefährlich ist es, aus dem auszubrechen,
was man sich zur Regel gemacht hat!
Die Zufriedenheit,
die aus einer geregelten Lebensführung kommt,
fördert die Gesundheit und ein langes Leben.

Niemand kann ohne feste Regeln handeln. Das ganze Sonnensystem würde in Stücke zerbersten, wenn auch nur einen Augenblick lang die Gesetze, die es regieren, außer Kraft gesetzt würden.
Das ist eine Lektion, die für alle, Groß und Klein, gilt. Wir müssen sie lernen und entsprechend handeln, sonst sterben wir den lebendigen Tod.

Wie seltsam, dass der, der vorgibt, den Tod nicht zu fürchten, ihn am meisten fürchtet und ihm mit allen Mitteln auszuweichen sucht.

Ist nicht der Tod in jedem Fall eine Befreiung von zu großem Leiden? Warum klagen wir dann, wenn er kommt?

Das englische Sprichwort ist wahr: „Feiglinge sterben viele Male vor ihrem Tod." Wie ich oft gesagt habe, bedeutet der Tod in Wahrheit Erlösung von Schmerz und Leid. Angst dient nur dazu, das Leid zu verstärken und seine eigene Lage erbärmlich zu machen.

Jede vergeudete Minute ist unwiederbringlich verloren. Obwohl wir das wissen, wie viel Zeit vergeuden wir doch!

Nanak sagt: „Das Leben ist unwirklich, allein der Tod ist wirklich und sicher.“

Wirklich lebt nur der, in dessen Herz Gott wohnt und der sich dieser Gegenwart immer bewusst ist.

Das Leben erneuert sich ständig, Tag für Tag.
Das Wissen darum sollte uns Auftrieb verleihen.

Wie soll, wer um die Kunst des Lebens nicht weiß, um die Kunst des Sterbens wissen?

Die Vergangenheit gehört zu uns,
aber wir gehören nicht zur Vergangenheit.
Wir gehören zur Gegenwart.
Wir sind die Bereiter der Zukunft,
aber wir gehören nicht zur Zukunft.

Mit dem Lauf der Zeit wird jedermann alt;
die Sehnsucht allein bleibt immer jugendlich.

Wer seinen Weg in Übereinstimmung
mit dem Rhythmus des Lebens geht,
wird niemals müde.

Wenn wir wissen, dass uns der Tod
jederzeit hinwegraffen kann,
welches Recht haben wir dann,
auf morgen zu verschieben, was wir heute tun können?

Gutes sollten wir sofort tun;
Böses sollen wir immer wieder aufschieben.

Mehr Leute sterben an Kummer
als an natürlichen Ursachen.
Weniger Leute sterben an einer Krankheit
als an der Angst vor Krankheit.

Besser einmal sterben als täglich sterben.

Sterben – und gerettet sein.

Aufgrund einer göttlichen Begabung
Unsterblichkeit zu erringen,
ist keine große Sache;
wohl aber, unsere Pflichten zu erfüllen
im täglichen Leben.

Der Mensch befindet sich im Rachen des Todes.
Wenn sich der Rachen schließt, sagt man, er ist tot.

Es würde sicher missbilligt, wenn der Körper eines toten Menschen in derselben Grube wie der Kadaver eines Tieres bestattet würde.
Aber bei einigem Nachdenken würde offenkundig werden, dass sich daraus ein treffender Zustand ergibt – es wird der Einheit allen Lebens Geltung verschafft.

Warum den Tod fürchten,
wenn die Gefahr allgegenwärtig ist?

Der Mensch stirbt dann, wenn er sich selbst von der Quelle seines Seins abschneidet, nicht wenn die Seele den Körper verlässt.

Ein Seher hat uns Wanderer genannt. Und das ist wahr. Wir sind nur für wenige Tage hier. Und dann sterben wir nicht, sondern gehen nur nach Hause. Welch schöner und wahrer Gedanke.

Biografien im Verlag Neue Stadt

Richard Deats
MAHATMA GANDHI
Ein Lebensbild

Eine kompakte Biografie, in der auch die inneren Beweggründe und Anliegen Gandhis nachgezeichnet werden.

128 Seiten, gebunden
ISBN 978-3-87996-639-4

Richard Deats
MARTIN LUTHER KING
Traum und Tat. Ein Lebensbild

Der Autor zeichnet den Lebensweg dieses „Propheten der Gewaltlosigkeit“ nach und zeigt, woraus er seine Vision und Tatkraft schöpfte.

128 Seiten, gebunden
ISBN 978-3-87996-763-6

Peter Münster
ALBERT SCHWEITZER
Der Mensch · Sein Leben · Seine Botschaft

Einblicke in Leben, Werk und Aktualität des Friedensnobelpreisträgers, der als „Urwalddoktor von Lambarene“ weltweit bekannt wurde.

256 Seiten, gebunden
ISBN 978-3-87996-878-7

Mehr unter: www.neuestadt.com